半小时读懂
中国古代科学名著

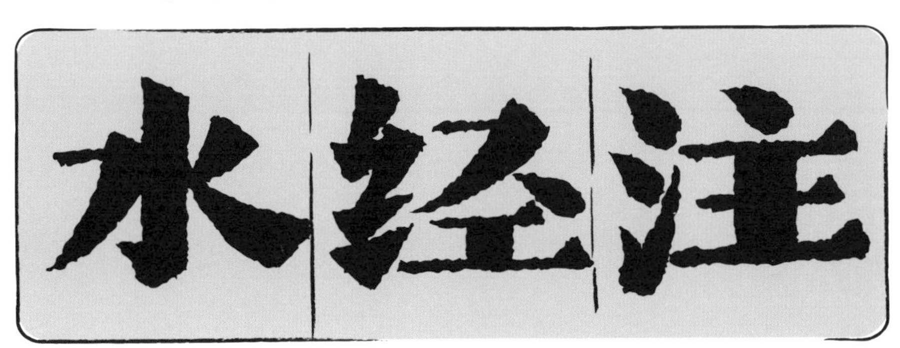

水经注

斯塔熊 著/绘

化学工业出版社
·北京·

图书在版编目（CIP）数据

水经注 / 斯塔熊著、绘. -- 北京 : 化学工业出版社, 2025. 2. --（半小时读懂中国古代科学名著）.
ISBN 978-7-122-46829-1

Ⅰ. K928.4

中国国家版本馆CIP数据核字第20245FR029号

责任编辑：龙 婧　　　　责任校对：边 涛

出版发行：化学工业出版社（北京市东城区青年湖南街13号　邮政编码 100011）

印　　装：中煤（北京）印务有限公司

710mm×1000mm　1/16　印张5¾　字数80千字　2025年5月北京第1版第1次印刷

购书咨询：010-64518888　　　　售后服务：010-64518899

网　　址：http://www.cip.com.cn

凡购买本书，如有缺损质量问题，本社销售中心负责调换。

定　　价：39.80元

写给小读者的话

亲爱的小读者，你一定知道中华民族有着光辉灿烂的古代科技。在相当长的历史时期内，中国古代科技都处于世界领先水平——

《梦溪笔谈》的内容涉及天文、历法、数学、物理、化学、生物、地理、气象、医药、文学、史学、考古、音乐等方面，被誉为“中国科技史上的里程碑”。

《天工开物》被称为“中国17世纪的工艺百科全书”，不但翔实记述了明代居于世界先进水平的科技成就，而且大力弘扬了“天人合一”思想和能工巧匠精神。

《水经注》对江河湖泊、名岳峻峰、亭台楼阁、祠庙碑刻、道观精舍、方言异语、得名之由等都有详细记载，涉及地理学、地名学等诸多学科，是一部百科全书式的典籍。

《九章算术》是中国古代数学的重要著作，它不但开拓了中国数学的发展道路，在世界数学发展史上也占有极其重要的地位。

《徐霞客游记》涉及广阔的科学领域，丰富的科学内容，以及多方面的科学价值，在古代的地理著作中几乎无与伦比。

摆在你面前的这套书，精选古文底本，对全书内容进行了生动流畅的翻译。趣味十足的手绘图，带你直观感受原汁原味的古代科技。同时，本书还广泛征引科普资料，设置精彩的链接知识，与原文相得益彰。

现在，
让我们一起步入古代科技的殿堂
去一览辉煌吧！

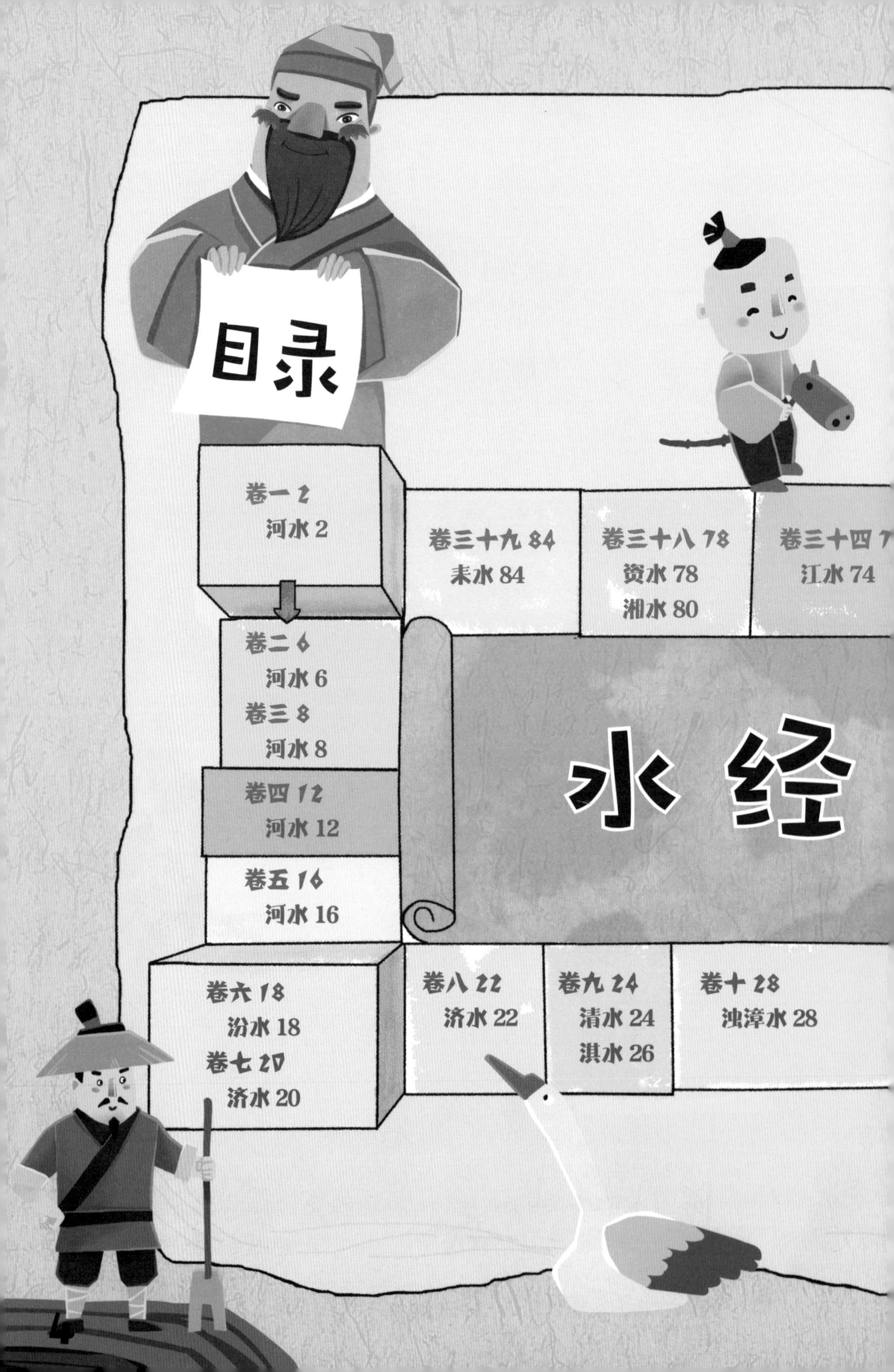
目录
卷一 2
河水 2
卷二 6
河水 6
卷三 8
河水 8
卷四 12
河水 12
卷五 16
河水 16
卷六 18
汾水 18
卷七 20
济水 20
卷八 22
济水 22
卷九 24
清水 24
淇水 26
卷十 28
浊漳水 28
卷三十四
江水 74
卷三十八 78
资水 78
湘水 80
卷三十九 84
耒水 84
水经
4

注
卷十一 30
易水 30
滱水 32
卷十二 34
圣水 34
卷十三 36
灅水 36
卷十四 38
湿余水 38
大辽水 40
卷十五 42
洛水 42
伊水 44
卷二十 48
漾水 48
丹水 50
卷二十一 52
汝水 52
卷二十二 56
颍水 56
洧水 58
卷二十四 60
汶水 60
卷二十六 62
巨洋水 62
淄水 64
卷二十七 66
沔水 66
卷三十 68
淮水 68
卷三十一 70
涢水 70
卷三十三 72
江水 72

《水经注》其书

《水经注》名义上是给《水经》一书作注，其实它以《水经》为纲，又增加了多于原书20倍的补充资料和文献，引用书籍达437种，记载水道1250多条。可以说，这是公元6世纪中国最全面的经典地理著作。

本书选取了《水经注》中最具代表性的篇章，通过阅读，读者可以了解古代中国的地理环境、自然景观、人文历史以及社会生活等方面的信息。

河水

《河水》共分五卷，是《水经注》中最长的一篇。河水就是指黄河，从今青海巴颜喀拉山脉发源，流经四川、甘肃、宁夏、内蒙古、山西、陕西、河南，最后在山东入海。黄河是中国第二长河，流域面积广大，是中华民族的摇篮之一。

《水经注》以“昆仑”开始。直到现在，昆仑山也是中国的一条重要山脉。本篇引用大量文献解释“昆仑”，并且说明黄河是发源于昆仑山的，这既是神话传说，也是古人对昆仑和黄河的一种想象。

原文

三成为昆仑丘。《昆仑说》曰：昆仑之山三级，下曰樊桐，一名板桐；二曰玄圃，一名阆风；上曰层城，一名天庭，是为太帝之居。

三级的土丘被称作昆仑丘。《昆仑说》一书中写道：昆仑山分为三层，最下一层叫樊桐，又叫板桐；第二层叫玄圃，又叫阆风；最上面那层叫层城，又叫天庭，是天帝居住的地方。

昆仑

在神话传说中，昆仑山不仅是元始天尊的道场玉虚宫所在地，别名“玉京山”，还因位居西北乾位之上，被称为“天柱”。昆仑山上有瑶池、阆苑、增（层）城、县（玄）圃等仙境，是古代神话中的重要场景。

《山海经》曰：南即从极之渊也，一曰中极之渊，深三百仞，惟冯夷都焉。《括地图》曰：冯夷恒乘云车驾二龙。河水又出于阳纡(yū)、陵门之山，而注于冯逸之山。《穆天子传》曰：天子西征，至阳纡之山，河伯冯夷之所都居，是惟河宗氏，天子乃沉珪(guī)璧礼焉，河伯乃与天子披图视典，以观天子之宝器：玉果、璇(xuán)珠、烛银、金膏等物，皆《河图》所载。河伯以礼，穆王视图，方乃导以西迈矣。粤在伏羲，受《龙马图》于河，八卦是也。故《命历序》曰：《河图》，帝王之阶，图载江河、山川、州界之分野。后尧坛于河，受《龙图》，作《握河记》。逮虞舜、夏、商，咸亦受焉。李尤《盟津铭》：洋洋河水，朝宗于海，径自中州，《龙图》所在。《淮南子》曰：昔禹治洪水，具祷阳纡，盖于此也。高诱以为阳纡秦薮(sǒu)，非也。释氏《西域记》曰：阿耨(nòu)达太山，其上有大渊水，宫殿楼观甚大焉。山，即昆仑山也。《穆天子传》曰：天子升于昆仑，观黄帝之宫，而封丰隆之葬。丰隆，雷公也。黄帝宫，即阿耨达宫也。

译文

《山海经》说：南面有个叫从极的深渊，又叫中极渊，深达三百仞，住在那里的只有水神冯夷。《括地图》说：冯夷经常坐着云车，由两条龙驾着外出。黄河水从阳纡山、陵门山流出来，流进冯逸山中。《穆天子传》说：天子西征，来到了阳纡山，这是河伯冯夷的居住之地，冯夷就是河宗氏。天子把宝玉珪璧扔到水里祭拜河神，河伯才打开图册典籍，让他看天子应该拥有的宝器：玉果、璇珠、烛银、金膏等，都是《河图》里面记载的。河伯把它作为礼物献给穆王，等周穆王看完图后，就引领他向西行进。伏羲氏在大河之源接受《龙马图》，并由此创制了八卦。所以《命历序》说：《河图》是帝王治理天下的基础，上面记载着江河、山川、州界的划分。后来尧也在河边筑坛，接受《龙图》，还写了《握河记》。这一传统一直延续到虞舜、夏、商等朝代，历代帝王都接受过《河图》。李尤在《盟津铭》里说：浩浩荡荡的黄河水，汇集到大海，它从中原经过，那里正是河伯献《龙图》的地方。《淮南子》说：从前大禹治理洪水，在阳纡祭祀祈祷，说的就是这里。高诱以为阳纡就是秦朝的湖泊，这是不对的。佛教经典《西域记》说：阿耨达太山上有大渊水，宫殿楼台非常宏伟。这山就是昆仑山。《穆天子传》讲述了周穆王登上昆仑山，参观了黄帝宫，并祭祀了丰隆的陵墓。丰隆就是雷公，黄帝宫就是阿耨达宫。

河水

本段记述的索劢（mài），奉命带领几千兵卒到楼兰（在今罗布泊一带）去屯垦。屯垦需要兴修水利，但恰逢河流发了洪水，形势危急，于是就出现了文中这样壮烈的场面。

索劢带领士兵巩固堤防，治理了洪水，但为什么又让士兵“鼓噪欢叫，且刺且射”呢？其实这只是为了激励士兵兴修水利的信心和勇气。“大战三日”说的也是修筑堤防工程。

原文

敦煌索劢，字彦义，有才略，刺史毛奕表行贰师将军，将酒泉、敦煌兵千人，至楼兰屯田。起白屋，召鄯（shàn）善、焉耆（qí）、龟兹（qiū cí）三国兵各千，横断注滨河。河断之日，水奋势激，波陵冒堤。劢厉声曰：王尊建节，河堤不溢，王霸精诚，呼沱不流。水德神明，古今一也。劢躬祷祀，水犹未减，乃列阵被杖，鼓噪欢叫，且刺且射，大战三日，水乃回减，灌浸沃衍，胡人称神。大田三年，积粟百万，威服外国。

译文

敦煌有个叫索劢的人，字彦义，有才能。刺史毛奕上表，请求让索劢担任贰师将军，率领酒泉、敦煌的千名士兵去楼兰屯田（即驻军垦殖）。索劢修建了茅屋，在鄯善、焉耆、龟兹三国各召集了千名士兵，兴修水利，横着截断了注滨河。截断河水那天，水流汹涌澎湃，波涛翻过了堤岸。索劢于是大声喊道："昔日王尊勇敢，河堤就不溢水；王霸有精诚之心，呼沱河就结冰不流。水的德行与神明，古往今来都一样。"索劢亲自祈祷，但水势还是没有减弱，于是，他摆开阵势，手握枪棒，擂鼓呐喊，让士兵边刺边射，如此大战了三天，水势才减退。堤坝筑成后，灌溉范围扩展到很广的平原一带，当地的胡人都以为索劢是个神人。索劢全力耕种了三年，积聚了百万斤粮食，他的威望和实力使周边国家顺服。

河水

郦道元《水经注》中引录历史典故时，喜欢表彰好官好事。本段记述的东汉人郭伋（jí）和一群孩子的故事出自《后汉书·郭伋传》。史载郭伋循视至西河美稷，与孩童约定归期。因提前一日返程，特驻车在野外的亭子里等待一宿，才如期返城。郭伋对孩子说过的话，要求自己必须做到。

《东观记》曰：郭伋，字细侯，为并州牧，前在州，素有恩德，老小相携道路，行部到西河美稷，数百小儿各骑竹马迎拜，伋问：儿曹何自远来？曰：闻使君到，喜，故迎。伋谢而发去，诸儿复送郭外。问：使君何日还？伋计日告之。及还，先期一日，念小儿，即止野亭，须期至乃往。

译文

《东观记》（即《东观汉记》）说：郭伋，字细侯，担任并州牧一职，以前在并州时，对百姓有恩，所以当他出行巡视时，老老少少都会在路上迎送他。有一次，他巡视到西河郡的美稷县，数百名孩子骑着竹马来迎接他。郭伋问："你们为什么大老远地跑过来？"孩子们回答道："听说使君您来了，我们非常高兴，就特地来迎接。"郭伋连忙道谢并让他们回去。等郭伋离开时，孩子们又送他到城外，又问："使君您哪天回来？"郭伋在心中计算了一下日期，就告诉了他们。等郭伋返回并州时，时间比他说的日期早了一天。郭伋想到自己对孩子们说过的话，就在野外的亭子里停下来，等到第二天才进城。

《水经注》里提到的洧(wěi)水有两条，此处所说的洧水是清水的支流，清水就是今陕西北部的延河，这一带至今仍存在油田。这也说明《水经注》的记载，对当前矿物资源的研究具有相当的价值。

原文

故言高奴县有洧水，肥可爇(rán)，水上有肥，可接取用之。《博物志》称酒泉延寿县南山出泉水，大如筥(jǔ)，注地为沟，水有肥如肉汁，取著(zhuó)器中，始黄后黑，如凝膏(gāo)，然极明，与膏无异，膏(gào)车及水碓(duì)缸甚佳，彼方人谓之石漆。水肥亦所在有之，非止高奴县洧水也。

译文

古人有记载，说高奴县有一条洧水，水上有油脂，能燃烧，可以捞取使用。《博物志》说：酒泉延寿县的南山上有泉水流出，大得就像竹筐一样，流在地面成为沟，水中的油脂看起来好像肉汁，取来放到容器里，开始时呈黄色，后来变成黑色，就像凝固的膏脂，点燃后非常明亮，简直和膏脂没什么区别，用来油漆车具、涂刷水碓上的铁圈等是很好的，当地人称它为石漆。水中的油脂其实到处都有，并非高奴县的洧水中才有。

水碓

东汉时发明的借助水力舂米的器械。

卷四

这是《水经注》黄河篇第四篇，从山西、陕西间的北屈县（在今山西吉县附近）开始写，随着黄河南流东折，到邓乡（在今河南洛阳附近）为止，沿途详载壶口瀑布、龙门湍流和中流砥柱等地质奇观。

本段关于龙门段“悬流万丈”的描写，是全书中描写自然风景最精彩的片段之一。由于北魏原来的都城在平城（在今山西大同附近），后来迁都到洛阳，郦道元往返于两地之间，经多次实地考察经历，使该段记载兼具文学性与科学实证价值。

河水

原文

《淮南子》曰：龙门未辟，吕梁未凿，河出孟门之上，大溢逆流，无有丘陵，高阜灭之，名曰洪水。大禹疏通，谓之孟门。故《穆天子传》曰：北登孟门，九河之隥(dèng)。孟门，即龙门之上口也。实为河之巨阸(è)，兼孟门津之名矣。此石经始禹凿，河中漱广。夹岸崇深，倾崖返捍，巨石临危，若坠复倚。古之人有言，水非石凿，而能入石，信哉！其中水流交冲，素气云浮，往来遥观者，常若雾露沾人，窥深悸魄。其水尚崩浪万寻，悬流千丈，浑洪赑(bì)怒，鼓若山腾，浚(jùn)波颓迭，迄于下口。方知《慎子》，下龙门，流浮竹，非驷马之追也。

译文

《淮南子》中记载道：龙门没开辟，吕梁山没凿穿时，黄河水从孟门山上流过去，漫溢出的大水逆流横行，没丘陵、高山阻挡，所以称之为洪水。大禹疏通河道后，这里被称作孟门。所以《穆天子传》说：向北登上孟门，这是九河的石级。孟门，就是龙门的上口。它实际上是黄河上的一大险阻，又被称为孟门津。这里的岩石最初被大禹开凿，又受河水冲蚀，河道逐渐变宽。两岸的山岩高耸而河道很深，倾斜的崖壁相倚相撑，巨大的岩石悬于危崖之上，好像随时会掉下来。古人说水虽不是凿石头的凿子，但却可以凿穿石头，确实是这样啊！这里的水流交相冲击，白色的水汽就像云雾飘浮在空中，来往行人远远观望，常常感到像有雾露沾染了满身，让人在窥探深渊时感到心悸胆寒。河水迸溅出高高的浪花，千丈瀑布从高处倾泻而下，奔腾的浊流好似发怒一般，狂暴地涌起巨浪激荡起伏，波涛翻滚的洪水层层叠叠涌下，直到下游出水口。我终于明白《慎子》所说的：一旦水流过了龙门，即便是漂浮在水上的竹子，也不是四匹马拉的车能追上的。

《水经注》记述了许多事物，但很少记录酒。此篇所记的桑落酒可以让嗜酒的人垂涎欲滴。郦道元的妙笔，确实值得称赞。

原文

民有姓刘名堕者，宿(sù)擅工酿，采挹(yì)河流，酝(yùn)成芳酎(zhòu)，悬食同枯枝之年，排于桑落之辰，故酒得其名矣。然香醑(xǔ)之色，清白若滫(xiǔ)浆焉，别调(diào)氛氲(yūn)，不与佗同，兰薰麝(xūnshè)越，自成馨逸。方土之贡，选最佳酌矣。自王公庶友，牵拂相招者，每云：索郎有顾，思同旅语。“索郎”反语为“桑落”也，更为籍征之隽(juàn)句、中书之英谈。

有个叫刘堕的人，向来擅长酿酒。他取来河水，反复酿成芳香的醇酒，存放很长时间后，在桑叶落下时打开，所以这酒的名字就叫“桑落酒”。桑落酒醇香扑鼻，颜色白得就像米浆，它的香味与其他酒不同，散发着兰花与麝香的芬芳，自成一种清雅飘逸的芳馨。地方向皇帝进贡时，桑落酒被评为最好的佳酿。从王公贵族到民间百姓，朋友之间相互邀请时，都会说：“索郎非常眷念，想让同伴们聚在一起说说话！”“索郎”的谐音就是“桑落”，这也成为人们喜欢引用的妙语、文人学士的美谈。

河水

本卷《水经注·河水注》详载东汉黄河治理工程。王景是当时熟悉黄河水情的专家，因此受到汉明帝的召见。后来，他筑成了千里防洪体系，其中险要段称“金堤”，是历史上著名的黄河堤防。

汉明帝永平十二年，议治汳(biàn)渠，上乃引乐浪人王景问水形便，景陈利害，应对敏捷，帝甚善之，乃赐《山海经》《河渠书》《禹贡图》及以钱帛。后作堤，发卒数十万，诏景与将作谒者王吴治渠，筑堤防修堨(è)，起自荥(xíng)阳，东至千乘(shèng)海口，千有余里，景乃商度(duó)地势，凿山开涧，防遏冲要，疏决壅积，十里一水门，更相回注，无复渗漏之患。明年渠成，帝亲巡行，诏滨河郡国置河堤员吏，如西京旧制。景由是显名，王吴及诸从事者，皆增秩一等。

译文

东汉明帝永平十二年（69），朝廷商议如何治理汳渠，皇帝向乐浪人王景询问因地制宜的治水方法。王景讲述了利弊，应答自如，皇帝十分欣赏，便赐给他《山海经》《河渠书》《禹贡图》以及钱和帛。后来朝廷决定修堤，调动了几十万人，并下令让王景和将作谒者（官名）王吴一起治渠。建堤岸，修水坝，从荥阳开始，东到千乘海口，共有一千多里。王景根据地势进行了精心的测量和规划，凿山开涧，在交通要道修筑堤坝和土堰，疏通淤塞处，每十里设一座水门，让河水可以相互汇流以调节水量，使其不再有渗漏的隐患。第二年水渠就治理好了，皇帝亲自来巡查，下令让沿河的王侯属国及郡县都设置管理河堤的官吏，就像西汉时的旧制度一样。王景因此扬名，王吴及许多下属也都加官一等。

汾水

本卷列名的河流共有八条。汾水就是现在山西境内的汾河，发源于管涔(cén)山（今宁武县西南），南穿太原盆地，到河津注入黄河，是黄河的第二大支流。下面选段描写了汾水发源地的山形水势，记载了治理侯甲水、石臼(jiù)河的故事，有劝人向善的意义。

原文

《十三州志》曰：出武州之燕(yān)京山。亦管涔之异名也。其山重阜修岩，有草无木，泉源导于南麓(lù)之下，盖稚水蒙流耳。又西南，夹岸连山，联峰接势……

后立屯农，积粟在斯，谓之羊肠仓。山有羊肠坂(bǎn)，在晋阳西北，石隥萦(yíng)行，若羊肠焉，故仓坂取名矣。汉永平中，治呼沱、石臼河。按司马彪《后汉郡国志》，常山南行唐县有石臼谷，盖资承呼沱之水，转山东之漕(cáo)，自都虑至羊肠仓，将凭汾水以漕太原，用实秦、晋。苦役连年，转运所经，凡三百八十九隘，死者无算。拜邓训为谒者，监护水功。训隐括知其难立，具言肃宗，肃宗从之，全活数千人。和熹邓后之立，叔父陔以为训积善所致也。

《十三州志》中说：汾水发源于武州的燕京山。燕京山也就是管涔山的别名。这座山峰峦重叠，危岩高耸，有杂草却没有树木，源泉就在山的南坡脚下，只不过是一道涓涓细流而已。再往西南方向走，两岸山峰绵延不断，气势磅礴……

后来，人们在这里屯垦，积聚粮食，称这里为“羊肠仓”。山上有“羊肠坂”，在晋阳的西北边，石阶回旋曲折，像羊肠一样，所以粮仓和山坡都以羊肠为名。

东汉永平年间，朝廷治理呼沱河、石臼河。司马彪的《后汉郡国志》中记载，常山的南行唐县有石臼谷，那里承接呼沱河的水，可以用以转运山东地区的谷物，从都虑（地名）到羊肠仓，原本是想借助汾水把谷物从太原运出，供给陕西、山西。但水运经过的河道，有三百八十九个险隘，连年苦役，死的人不计其数。肃宗封邓训为谒者（官名），监护河道。邓训考察后了解了这条水道的艰难，便详细地报告给肃宗，请求停止运输。肃宗听从了他的建议，使几千人免于死亡。和帝时，邓训的女儿邓绥做了皇后，她的叔父邓陔认为是邓训做了好事的结果。

《禹贡》中说："济、河惟兖州。"所以在战国时期，济水在北方就是与黄河并列的大河。济水在古代分为南济水和北济水。北济水在黄河北，发源于今河南济源西的王屋山，向南流至温县入黄河。南济水在黄河南，其实是从黄河分引出来的支流，因与北济水入黄河处正相对，古人就认为它是济水的下游。《水经注》中有许多人文掌故，其中赞扬范蠡的文字达十三处。下面的选段称赞范蠡是一位"雪会稽之耻"的好官，又功成身退，成为一个积财散财的大商人。

济水

原文

战国之世，范蠡既雪会稽之耻，乃变姓名寓于陶，为朱公。以陶天下之中，诸侯四通，货物之所交易也。治产致千金，富好行德，子孙修业，遂致巨万。故言富者皆曰陶朱公也。

战国时期，范蠡一雪会稽之耻，然后改名换姓居住在陶，人们称他为朱公。他选择陶这个地方作为自己的隐居之所，是因为陶处在天下的中央，能通达四方诸侯国，货物都在这里交易。范蠡经商赚钱，富有千金，他还乐于行善，经常帮助需要帮助的人。他的子孙继承了他的事业美德，不断发扬光大，最终成为家财万贯的大富豪。所以人们谈起富有的人时，都会提到陶朱公。

济水

卷七和卷八虽然都是以“济水”为题，但实际上讲的并不是同一条河流。本卷主要叙述了济水在今山东省巨野县分为两条，一条向东北流，先后与山东的大汶河、菏水汇合，另一条向东南流，与山东的泗水和江苏的沂水、淮河汇合。

济水东北至甲下邑南，东历琅(láng)槐县故城北，《地理风俗记》曰：博昌东北八十里有琅槐乡，故县也。《山海经》曰：济水绝钜野注渤海，入齐琅槐东北者也。又东北，河水枝津注之。《水经》以为入河，非也。斯乃河水注济，非济入河，又东北入海。郭景纯曰：济自荥阳至乐(lè)安博昌入海。今河竭，济水仍流不绝。《经》言入河，二说并失。然河水于济、漯之北，别流注海。今所辍(chuò)流者，惟漯水耳。郭或以为济注之，即实非也。寻经脉水，不如《山经》之为密矣。

译文

济水向东北流经甲下邑南边，继续向东流经琅槐县故城北边。《地理风俗记》中说：博昌东北八十里处有琅槐乡，那里就是古琅槐县所在的位置。《山海经》中描述：济水穿过钜野注入渤海，这个入海口在齐国琅槐东北。继续向东北流，有黄河支流注入。《水经》以为是济水注入黄河，其实是不对的，实际上是黄河注入济水，并非济水注入黄河。济水继续向东北流，注入大海。但是郭景纯说：济水从荥阳到乐安博昌，然后汇入大海。现在黄河水量大量减少了，但济水仍然奔流不绝，所以《水经》说注入黄河也是错的。黄河在济水、漯水的北边，分流注入大海。现在断流的只有漯水，郭景纯以为济水注入黄河，实际情况并非如此。如果我们仔细研究河流的走向和分布，就会发现《山海经》中的描述更为准确和详细。

清水

本卷列名的河流共有五条。清水、沁水和淇水都是发源于太行山地的河流，但源头的情况各不相同。下面的选段描述了清水的发源情况，是“诸陂散泉，积以成川”，至宝泉峡谷形成高约67米的瀑布，“雷赴之声，震动山谷”。又描述了上游“南峰北岭”的不同人文景观，郦道元详细记录了他实地踏勘的岩层走向与植被分布。

原文

黑山在县北白鹿山东，清水所出也。上承诸陂（bēi）散泉，积以成川。南流西南屈，瀑布乘（chéng）岩，悬河注壑二十余丈，雷赴之声，震动山谷。左右石壁层深，兽迹不交。隍（huáng）中散水雾合，视不见底。南峰北岭，多结禅栖之士；东岩西谷，又是刹（chà）灵之图。竹柏之怀，与神心妙远，仁智之性，共山水效深，更为胜处也。其水历涧飞流，清泠（líng）洞观，谓之清水矣。

黑山在修武县北的白鹿山东边，是清水的发源地。清水上游承接分散于各处的池塘、湖泊的水，汇聚成一条河川。清水向南流再向西南转弯，途经一处悬崖，形成了壮观的瀑布，瀑布一泻而下，注入二十多丈的深壑，声如巨雷，震动山谷。深壑左右的石壁层层叠叠，鸟兽也难以到达。谷中水花喷溅，雾气弥漫，看不到底。南面的山峰和北面的山岭上多有隐士结庐修行，东面的岩壁和西边的山谷之间常可见到众多佛塔。竹林和柏树给人的高洁情怀与神仙的胸襟一样宽广，仁者智者的品性修养和高山流水深度共鸣，使这里成为绝佳的修行盛地！泉水经过山涧形成飞瀑，清澈的水流在岩洞间时隐时现，“清水”之名正源于此。

佛塔

又名浮屠或浮图，是佛教建筑的一种重要形式。

淇水

淇水发源于太行山，其源为断层泉群而非单一瀑布，《水经注·淇水》准确描述了该段碳酸盐岩裂隙水集中出现的水文特征。这些地区显然都是郦道元亲自考察过的。正因为目睹了这一切，加上他深厚的文字功底，才能写出“倾澜漭荡，势同雷转，激水散氛，暧若雾合”这样令人心驰神往的生动语言。

原文

《山海经》曰：淇水出沮洳山。水出山侧，颓波湍注，冲激横山。山上合下开，可减六七十步，巨石磥砢，交积隍涧，倾澜漭荡，势同雷转，激水散氛，暧若雾合。

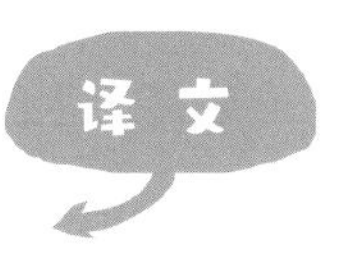

《山海经》中说：淇水出自沮洳山。山侧有河水奔流而下，猛烈地冲击着横亘在它前面的山峦。这座山上岩层闭合，下岩层开裂，山洞的深度大约六七十步。巨石多而错杂，杂乱无章地堆积在溪间，倾泻的泉水激腾浩荡，气势如雷，浪花飞溅，水汽氤氲，就像云雾一样，将周围的一切都笼罩其中。

本卷列名的河流共有两条——浊漳水、清漳水。其中，浊漳水今称浊漳河，源出山西长子县发鸠山，东南流经黎城、潞城、平顺等地，至河北涉县合漳村汇合清漳河，形成漳河，是海河水系漳卫南运河主干。以下选段记述了西门豹的故事，具有很强的教育意义。

浊漳水

原文

漳水又北径祭陌西，战国之世，俗巫为河伯取妇，祭于此陌。魏文侯时，西门豹为邺(yè)令，约诸三老曰：为河伯娶妇，幸来告知，吾欲送女。皆曰：诺。至时，三老、廷掾(yuàn)赋敛百姓，取钱百万，巫觋(xí)行里中，有好女者，祝当为河伯妇，以钱三万聘女，沐浴脂粉如嫁状。豹往会之，三老、巫、掾与民咸集赴观。巫妪(yù)年七十，从(zòng)十女弟子。豹呼妇视之，以为非妙，令巫妪入报河伯，投巫于河中。有顷，曰：何久也？又令三弟子及三老入白，并投于河。豹磬折(qìngzhé)曰：三老不来，奈何？复欲使廷掾、豪长趣之，皆叩头流血，乞不为河伯取妇。淫祀虽断，地留祭陌之称焉。

译文

漳水又继续向北流经祭陌西边。战国时，当地有巫师为河伯娶妻的风俗，在这陌上祭祀。魏文侯在位时，西门豹出任邺县令，对三老（古代掌教化的乡官）们说："为河伯娶妻时，一定要告诉我，我也想给他送女子。"三老们都说好。河伯娶妻的时间到了，三老、廷掾向百姓征收赋税，敛财达百万。巫师在乡里到处巡视，看到漂亮的女子，就说上天注定这女孩应该嫁给河伯，然后用三万钱作为聘金，给女孩沐浴后涂上脂粉，打扮成准备出嫁的样子。西门豹前去时，三老、巫师、廷掾与百姓都聚集起来，赶去看热闹。有一个七十岁的巫婆，带着十个女弟子。西门豹让人把新娘叫出来看了看，说不够漂亮，就让巫婆到河里去告诉河伯。于是，他让人把巫婆丢进河里。过了一会儿，他又说："怎么这么久还不回来？"于是，他又让三个弟子及三老去告诉河伯，同样让人把他们都丢进河里。西门豹弯着腰恭敬地说："三老也没回来，这可怎么办呢？"他又想叫廷掾、豪长前往。豪长、廷掾们跪在地上把头都磕流血了，说再也不给河伯娶妻了。这种荒唐的祭祀仪式虽然被禁止了，但是此地仍然保留了"祭陌"的名称。

易水

易水现存中易水、北易水两条支流，属海河水系大清河流域，是一条并不太长的小河。中易水发源于今河北易县境内，东流经定兴县汇入南拒马河。

下面的选段描写了荆轲离燕入秦行刺，“太子与知谋者”在易水上为他送行的场面。

“风萧萧兮易水寒，壮士一去兮不复还”，此歌当是《易水歌》，是千古传诵的悲壮歌辞。郦道元所叙“为壮声”“为哀声”，表现了易水上的送行场景，令人感动。

原文

阚骃（kànyīn）称，太子丹遣荆轲刺秦王，与宾客知谋者，祖道于易水上。《燕丹子》称，荆轲入秦，太子与知谋者，皆素衣冠送之于易水之上，荆轲起为寿，歌曰：“风萧萧兮易水寒，壮士一去兮不复还。”高渐离击筑，宋如意和之，为壮声，士发皆冲冠；为哀声，士皆流涕。疑于此也。

郦駉（北魏地理学家）在他的著作（《十三州志》）中说，太子丹派遣荆轲去刺杀秦王，和宾客中的知情人一起为荆轲送行，举行了一场庄重的送行仪式。《燕丹子》这部书中说：荆轲即将前往秦国，太子丹及知情人都穿白衣戴白冠在易水边为荆轲送行。荆轲起身敬酒，唱道："风萧萧兮易水寒，壮士一去兮不复还。"乐师高渐离击筑演奏，宋如意伴唱。演奏悲壮的曲子时，众人都怒发冲冠；演奏悲哀的曲子时，众人都热泪盈眶。这件事可能就发生在这里。

滱水

滱(kòu)水现在称唐河，是从山西恒山东段发源的大清河水系的较大支流。下面的选段描写了滱水上游与大岭水汇合之地的自然风景。在郦道元的笔下，“石隥逶迤，沿途九曲”，简单的几句话就把山水的奇异秀美写得惟妙惟肖，引人入胜。

原文

滱水自倒马关南流与大岭水合，水出山西南大岭下，东北流出峡，峡右山侧，有祇洹精庐，飞陆陵山，丹盘虹梁，长津泛澜，萦带其下，东北流注于滱。滱水又屈而东合两岭溪水，水出恒山北阜，东北流历两岭间，北岭虽层陵云举，犹不若南峦峭秀。自水南步远峰，石隥逶迤，沿途九曲，历睇(dì)诸山，咸为劣矣。抑亦羊肠、邛崃(qióng lái)之类者也。

译文

滱水从倒马关向南流，途中与大岭水汇合。大岭水发源于太行山脉西南的大岭下，向东北流出山峡。在峡谷的右侧山腰处有一座祗洹寺，它高耸于山陵之上，雕梁画栋，像彩虹一样美丽。下面河水泛着波澜流过，向东北流入滱水。滱水又转弯到东边，汇合两岭溪水。两岭溪水发源于恒山北阜，向东北流经两岭之间，北岭虽然高耸入云，但没有南峰陡峭秀丽。从滱水南岸攀登高峰，可以看见弯弯曲曲的石阶，沿途有九个大弯，看遍周围群峰，都觉得难以与这里相比。这里的山势之险峻，可与羊肠、邛崃等著名险道相媲美。

圣水

圣水就是现在北京房山区的琉璃河，向东南流至今河北涿州东仙坡镇，汇入北拒马河。下面的选段描写的是圣水发源地的逸闻趣事。

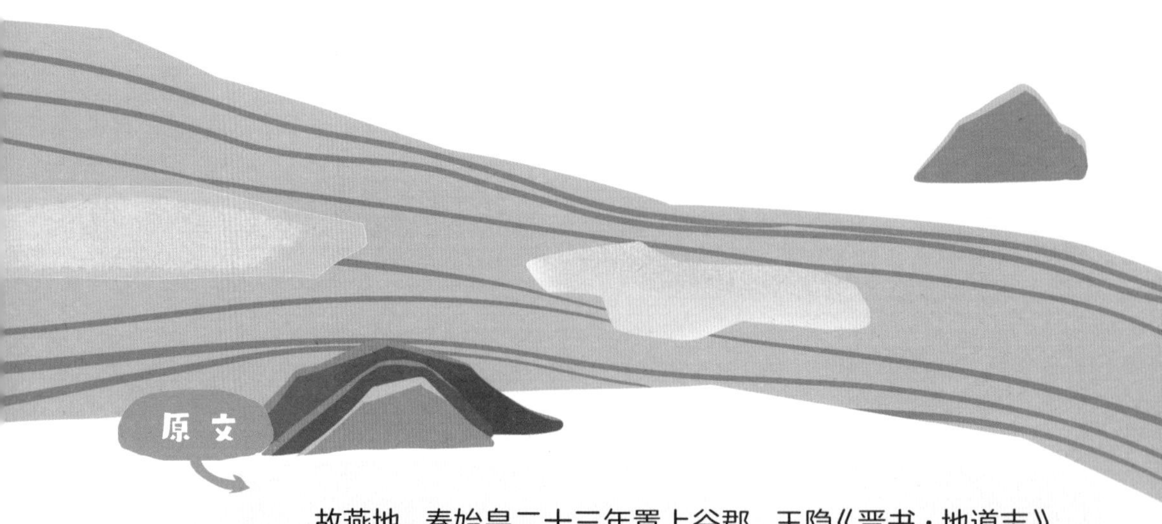

原文

故燕地，秦始皇二十三年置上谷郡。王隐《晋书·地道志》曰：郡在谷之头，故因以上谷名焉。王莽更名朔调也。水出郡之西南圣水谷，东南流径大防岭之东首。山下，有石穴，东北洞开，高广四五丈，入穴转更崇深，穴中有水。《耆旧传》言：昔有沙门释惠弥者，好精物隐，尝篝火寻之，傍水入穴三里有余，穴分为二：一穴殊小，西北出，不知趣诣；一穴西南出，入穴经五六日方还，又不测穷深。其水夏冷冬温，春秋有白鱼出穴，数日而返，人有采捕食者，美珍常味，盖亦丙穴嘉鱼之类也。是水东北流入圣水。圣水又东径玉石山，谓之玉石口，山多珉玉、燕石，故以玉石名之。其水伏流里余，潜源东出，又东，颓波泻涧，一丈有余，屈而南流也。

这里是从前燕国的领土，秦始皇二十三年在此设置上谷郡。王隐在《晋书·地道志》中说：郡的治所在谷的顶端，所以叫上谷。王莽改名为朔调郡。圣水发源于上谷郡西南的圣水谷，向东南方向流，经过大防岭的东端。大防岭的山下有石洞，洞口朝东北方向，高约12米，宽约10米，洞中更高更深，里面还有水流。《耆旧传》中记载了一个故事：从前有个叫惠弥的法师，喜欢探秘，曾举着火把去考察它的深浅。顺着水流进入洞中三里多（约1.6公里），洞又分成两个：其中一个洞特别小，向西北方延伸，不知通向哪里；另一个洞向西南方延伸，进洞后五六天才能回来，但还是没测量出洞有多深。洞中的水夏天冷冬天温，春天和秋天有白色的鱼游出洞来，几天后返回。有人把鱼捉来吃，发现味道还很鲜美，堪比丙穴嘉鱼（雅鱼）。洞中的水向东北流入圣水。圣水又向东流，经过玉石山，这里被称为玉石口，山中有许多汉白玉（大理岩）和燕山红（花岗岩），因此得名玉石山。圣水潜到地下流了一里多（约530米），潜水从东面流出，又向东流，然后急泻到山涧，形成落差3.2米的瀑布，再曲折地向南流去。

㶟水

㶟(lěi)水不同于漯(luò)水，在《水经注》的不同版本中也有写作“湿水”的。此水发源于山西宁武县的管涔山，向东北流经大同盆地，于河北怀来县幽州峡谷进入永定河水系，永定河全长近747公里，是海河的一条较大支流，但《水经注》以它发源时的一条小河㶟水作为卷名，是因为此水流经了北魏的故都平城（今山西大同）。

原文

桑乾枝水又东流，长津委浪，通结两湖，东湖西浦(pǔ)，渊潭相接，水至清深，晨凫(fú)夕雁，泛滥其上，黛甲素鳞，潜跃其下。俯仰池潭，意深鱼鸟，所寡惟良木耳。

译文

桑乾河（现为“桑干河”，永定河上游）的支流继续向东流，长河上浪涛翻滚，连通两个湖泊。东边的湖泊与西边的水岸紧密相连，潭水至清而且很深窱，清晨绿头鸭群起觅食，傍晚鸿雁列队归巢，龟鳖和游鱼纷纷潜泳于清流。观望池潭，可以寄深意于鱼鸟，美中不足的就是缺少一些绿树而已。

湿余水

湿余水就是现在北京的温榆河。下面的选段描写了湿余水发源地居庸关要塞的雄壮景象。

关在沮阳城东南六十里居庸界，故关名矣。更始使者入上谷，耿况迎之于居庸关，即是关也。其水导源关山，南流历故关下。溪之东岸有石室三层，其户牖(yǒu)扇扉(fēi)，悉石也，盖故关之候台矣。南则绝谷，累石为关垣，崇墉峻壁，非轻功可举，山岫(xiù)层深，侧道褊(biǎn)狭，林鄣邃险，路才容轨。晓禽暮兽，寒鸣相和，羁(jī)官游子，聆之者莫不伤思矣。

居庸关在沮阳城东南六十里的居庸县境内，因此得名居庸关。更始年间的使者到上谷郡时，耿况在居庸关迎接他，说的就是这里。湿余水发源于关山，向南流经故关之下。溪流东岸有座三层的石室，石室的门窗都是用石头做的，这大概就是边防瞭望台遗址。南边是不通路的绝谷，用石块堆砌成关墙，墙壁高耸而坚固，不是轻易能翻越的。山峦幽深，小道狭窄，丛林深险，山路只能容一辆战车通行。早晨的鸟鸣和傍晚的兽啼，悲鸣应和，在他乡做官或漂泊在外的游子，听到这种声音会很伤感。

大辽水

大辽水就是现在的辽河干流。下面选段讲述的是发生在现在辽宁的历史故事。

《地理志》：房，故辽东之属县也。辽水右会白狼水。水出右北平白狼县东南，北流西北屈，径广成县故城南，王莽之平虏也，俗谓之广都城。又西北，石城川水注之，水出西南石城山，东流径石城县故城南。《地理志》，右北平有石城县。北屈径白鹿山西，即白狼山也。《魏书·国志》曰：辽西单于蹋顿尤强，为袁氏所厚，故袁尚归之，数入为害。公出卢龙，堑山堙谷五百余里，未至柳城二百里，尚与蹋顿将数万骑逆战。公登白狼山，望柳城，卒与虏遇，乘其不整，纵兵击之，虏众大崩，斩蹋顿，胡、汉降者二十万口。《英雄记》曰：曹操于是击马鞍，于马上作十片，即于此也。《博物志》曰：魏武于马上逢狮子，使格之，杀伤甚众。王乃自率常从健儿数百人击之。狮子吼呼奋越，左右咸惊。王忽见一物，从林中出，如狸，超上王车轭上。狮子将至，此兽便跳上狮子头上，狮子即伏不敢起。于是遂杀之，得狮子而还。未至洛阳四十里，洛中鸡狗皆无鸣吠者也。

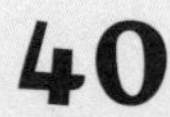

译文

《地理志》说：房县，原来是辽东郡属县。辽河在此处汇入白狼水。白狼水发源于右北平郡白狼县的东南方向，先向北流再往西北曲折流，经过广成县旧城南面，这就是王莽时期的平虏县，俗称广都城。白狼水又向西北流，有石城川水注入。石城川水发源于西南方的石城山，向东流经石城县旧城南面。《地理志》中说：右北平郡有石城县。石城川水向北折流，经过白鹿山西面，白鹿山就是白狼山。《三国志·魏书》中说：辽西的单于蹋顿实力强，受过袁绍厚待，因此袁绍的儿子袁尚去投奔他，屡次入侵为患。曹操从卢龙塞出征，挖山填谷五百多里，在距柳城二百里处，袁尚和蹋顿带数万骑兵迎战。曹操登上白狼山，眺望柳城，看到士兵突然与敌军相遇，而对方阵型不整，于是纵兵攻击，打败敌军，杀死蹋顿，胡人和汉人投降的有二十万人。《英雄记》中说：曹操在此战中受到猛烈冲击导致马鞍破裂，鞍体在战马上碎裂成十片，这件事就发生在此地。《博物志》中说：魏武帝率军行进时遭遇狮子袭击，派人捕捉它，结果很多人被杀伤。武帝于是亲自率领数百亲兵去攻击它。狮子大吼狂跳，随从都胆战心惊。武帝忽然看见一只像狸的动物，从树林里跳出来，跃到武帝的车轭上。狮子快到面前时，这动物就跳到狮子头上，狮子立刻伏地不敢起来，于是武帝将狮子杀死并带回去。在距离洛阳还有四十里（约16公里）的地方，洛阳的鸡狗就吓得不敢叫了。

洛水

洛水是黄河的一级支流，属伊洛河干流，现在称洛河，发源于陕西省蓝田县，向东流入河南，在偃师附近与伊河汇合形成伊洛河，然后向东北流，最终注入黄河。下面的选段描写了洛水沿岸的高山险峰，令人不禁心生敬畏，同时也激发着内心深处的勇气和探索欲望。

洛水又东，径黄亭南，又东，合黄亭溪水。水出鹈(tí)鹕(hú)山，山有二峰，峻极于天，高崖云举，亢石无阶，猿徒丧其捷巧，鼯族谢其轻工，及其长霄冒岭，层霞冠峰，方乃就辨优劣耳。故有大、小鹈鹕之名矣。溪水东南流，历亭下，谓之黄亭溪水，又东南，入于洛水。洛水又东，得荀公溪口，水出南山荀公涧，即庞季明所入荀公谷者也。其水历谷东北流，注于洛水。洛水又东径檀山南，其山四绝孤峙，山上有坞聚，俗谓之檀山坞。义熙中，刘公西入长安，舟师所届，次于洛阳。命参军戴延之与府舍人虞道元即舟溯流，穷览洛川，欲知水军可至之处。延之届此而返，竟不达其源也。

译文

洛水向东流，经过黄亭南面，再向东流，汇入黄亭溪水。黄亭溪水发源于鹈鹕山，山上有两座高耸入云的山峰，巨石上没有阶梯，即使矫捷如猿猴、轻巧如鼯鼠也上不去。云霄冒上岭头，霞光覆盖山峰时，才能分辨两峰高低，因而有大小鹈鹕山之名。溪水向东南流，流过黄亭下面，叫作黄亭溪水，再往东南流入洛水。洛水又向东流，到了荀公溪口。

荀公溪水从南山的荀公涧流出，就是庞季明考察的那个荀公谷。荀公溪水经过荀公谷向东北流，最终注入洛水。洛水又向东流，经过檀山的南面。檀山危峰兀立，山上有个叫檀山坞的村庄。义熙年间，刘裕西取长安，水军驻扎在洛阳。他派参军戴延之和府舍人虞道元乘船逆流而上，走遍洛川，考察水军能到达的最远位置。戴延之到这里就返回了，最终也没到达洛水的发源地。

伊水

伊水就是现在河南西部的伊河，发源于河南栾川县伏牛山，向东北流到偃师的顾县镇杨村附近汇入洛河。下面第一个选段描写了伊水流经今河南洛阳南伊阙(què)的形势，第二个选段描写了伊水支流上所发生的故事。

原文

伊水又北入伊阙，昔大禹疏以通水。两山相对，望之若阙，伊水历其间北流，故谓之伊阙矣，《春秋》之阙塞也。昭公二十六年，赵鞅使女宽守阙塞是也。陆机云：洛有四阙，斯其一焉。东岩西岭，并镌石开轩(xuān)，高甍(méng)架峰。西侧灵岩下，泉流东注，入于伊水。傅毅《反都赋》曰：因龙门以畅化，开伊阙以达聪也。阙左壁有石铭云：黄初四年六月二十四日辛巳，大出水，举高四丈五尺，齐此已下。盖记水之涨减也。

译文

伊水继续向北流入伊阙，从前大禹在这里疏通了水道。两山相对，形似门阙，伊水从中间穿过向北流，所以叫伊阙，这就是《春秋》中说的阙塞。鲁昭公二十六年（前516），赵鞅派遣女宽镇守阙塞，就是指这里。陆机说："洛阳有四阙，这是其中之一。"东面的石岩，西面的崖岭，都凿开岩石并筑起长廊，高高的屋脊架在山峰上。西侧的灵岩下面，有泉水涌出，向东流入伊水。傅毅的《反都赋》中说："借助龙门畅通教化，辟开伊阙通达听闻。"阙的左壁上有石刻铭文：黄初四年（223）六月二十四日辛巳，水大量流出，涨到高四丈五尺（约10.35米），与这石铭平齐。这大概是为记载水位高低而立的。

赵鞅

春秋末期晋国赵氏宗主，即赵简子。

原文

伊水自阙东北流，枝津右出焉，东北引溉，东会合水，同注公路涧，入于洛。今无水。《战国策》曰：东周欲为田，西周不下水。苏子见西周君曰：今不下水，所以富东周也，民皆种他种。欲贫之，不如下水以病之，东周必复种稻，种稻而复夺之，是东周受命于君矣。西周遂下水，即是水之故渠也。伊水又东北，枝渠左出焉，水积成湖，北流注于洛，今无水。伊水又东北至洛阳县南，径圜丘东，大魏郊天之所，准汉故事建之。《后汉书·郊祀志》曰：建武二年，初制郊兆于洛阳城南七里，为圜坛八陛，中又为重坛，天地位其上，皆南向。其外坛，上为五帝位，其外为壝，重营皆紫，以像紫宫。

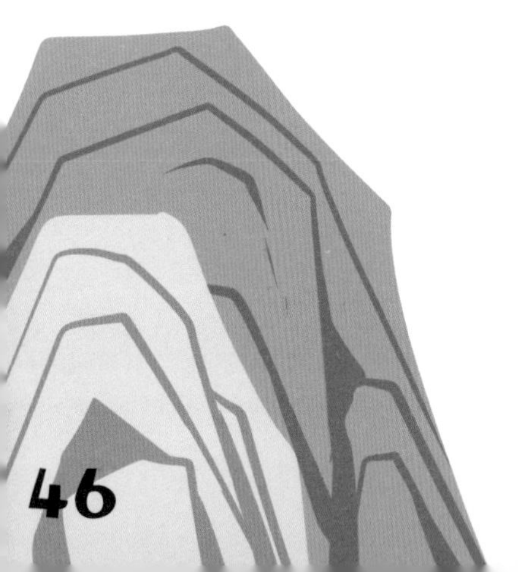

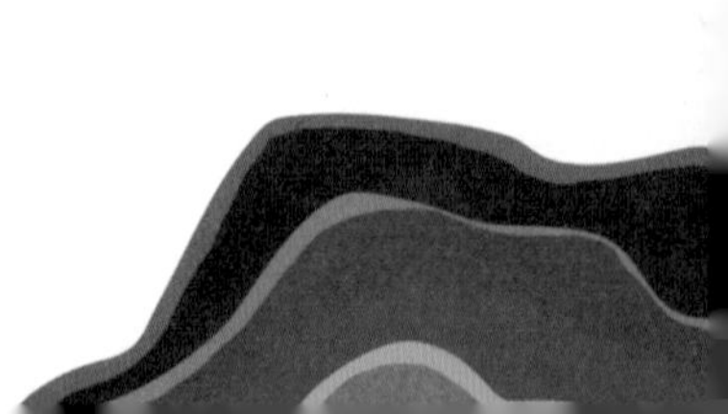

伊水从伊阙的东北方向流去，分出一条支渠向右延伸，引向东北灌溉田地，向东与合水汇合，一同注入公路涧，流进洛水。现在这条支渠已经没水了。《战国策》记载：东周想开垦田地，西周不肯给下游放水。苏秦去见西周国君说：“现在不给下游放水，会使东周富足，因为东周人都会去种其他作物。要想使东周贫困，不如放水给他们，这样东周必定又种植水稻，等他们种稻后再把水源收回来，那东周就会听命于您了。”于是西周放了水，就是经过这条旧渠放的。伊水继续向东北流，一条支渠从左岸分出。渠水积成了湖，向北流而注进洛水。现在已经没水了。伊水继续向东北流，到洛阳县南，经过圜丘东边，这是大魏祭天的地方，依汉朝的旧例建成。《后汉书·郊祀志》记载：建武二年（26），朝廷在洛阳城南郊七里建造祭天的坛地，做成八级台阶的圜坛，圜坛中心又起一层坛，被祭祀的天地之位设在上面，都面向南方。外层坛上设五帝之位，外围筑两层围墙，都是紫色的，以象征天上的紫微宫。

漾水

漾水是现在西汉水的一条支流，发源于甘肃省西和县，在礼县注入西汉水。祁山是当时南北之间的一处军事要地，虽然算得上“天下之奇峻”，但郦道元依然认为它“亦非为杰”。

原文

汉水北，连山秀举，罗峰竞峙。祁山在嶓冢之西七十许里，山上有城，极为岩固。昔诸葛亮攻祁山，即斯城也。汉水迳其南，城南三里有亮故垒，垒之左右犹丰茂宿草，盖亮所植也，在上邽(guī)西南二百四十里。《开山图》曰：汉阳西南有祁山，蹊径逶迤，山高岩险，九州之名阻，天下之奇峻。今此山于众阜之中，亦非为杰矣。

汉水的北面，群山连绵不断，奇峰林立。祁山在嶓冢山往西七十里左右，山上有城，地势险要。从前诸葛亮进攻祁山时，攻的就是此城。汉水流过此城的南面，城南三里处有诸葛亮军营的故址，周围的草长得很茂盛，大概是诸葛亮种下的，地点在上邽县西南二百四十里处。《开山图》中说：汉阳西南有座祁山，小路弯曲，山高岩险，是九州中有名的险要之地，天下罕见的峻岭。不过此山置身于众多山丘中间，看起来也算不上雄伟了。

丹水

丹水就是现在的丹江，发源于今陕西商洛市商州区西北，向东南流，经过河南，到湖北丹江口市入汉江。下面的选段描写了丹水流经河南淅川西南一段的山水胜景以及南乡古城的兴废。

原文

丹水东南流，至其县南。黄水北出芬山黄谷，南径丹水县，南注丹水。黄水北有墨山，山石悉黑，缋(huí)彩奋发，黝焉若墨，故谓之墨山。今河南新安县有石墨山，斯其类也。丹水南有丹崖山，山悉赪壁霞举，若红云秀天，二岫(xiù)更为殊观矣。丹水又南径南乡县故城东北。汉建安中，割南阳右壤为南乡郡。逮晋封宣帝孙畅为顺阳王，因立为顺阳郡，而南乡为县，旧治酂城。永嘉中，丹水浸没，至永和中，徙治南乡故城。城南门外，旧有郡社柏树，大三十围。萧欣为郡，伐之。言有大蛇从树腹中坠下，大数围，长三丈，群小蛇数十，随入南山，声如风雨。伐树之前，见梦于欣，欣不以厝意；及伐之，更少日，果死。丹水又东径南乡县北。兴宁末，太守王靡之改筑今城。城北半据在水中，左右夹涧深长，及春夏水涨，望若孤洲矣。

译文

丹水向东南流，到达丹水县南部。黄水发源于北面的芬山黄谷，向南流经丹水县南边，注入丹水。黄水北面有座墨山，山上的石头都是黑色，石色亮丽，黝黑如墨，所以叫作墨山。如今河南新安县有石墨山，也与此类似。丹水南面有座丹崖山，山壁都是红色的，如同红霞满天，其中两个峰岫更是奇观。丹水继续向南流，经过南乡县故城东北。东汉建安年间，分割南阳郡的西部设置为南乡郡。到西晋时封宣帝的孙子司马畅为顺阳王，因而将南乡郡改为顺阳郡，而南乡则降为县，原先县的治所在酂城。永嘉年间，酂城被丹水浸没，到永和年间，治所又迁到南乡的旧城。城南门外，原先社庙旁有一棵大柏树，粗三十围。萧欣任郡太守时，将其砍倒。据说砍伐时，有一条大蛇从树肚腹里掉下来，粗好几围，长三丈，还有几十条小蛇跟着它进了南山，响声如同暴风雨一般。砍树之前，这大蛇托梦给萧欣，萧欣没有在意；等砍倒了树，没过几天，萧欣便去世了。丹水继续向东流，经过南乡县北。兴宁末年，南乡太守王靡之重新修筑了现在的南乡县城。城北一半被水包围，左右两侧夹着又深又长的涧水，到了春夏水涨时节，看起来就像水里的孤岛。

汝水

现代南汝河发源于河南泌阳北，向东北流，在遂平折向东南，经汝南等县，在新蔡县与洪河交汇入淮。下面两个选段，第一段描写了汝水上源的秀丽景色，第二段记述了发生在汝水支流昆水上的昆阳战役。

原文

今汝水西出鲁阳县之大盂山蒙柏谷，岩鄣(zhàng)深高，山岫邃密，石径崎岖，人迹裁交，西即卢氏界也。其水东北流径太和城西，又东流径其城北。左右深松列植，筠柏交荫，尹公度之所栖神处也。又东届尧山西岭下，水流两分，一水东径尧山南，为滍(zhì)水也，即《经》所言滍水出尧山矣。一水东北出为汝水，历蒙柏谷，左右岫壑争深，山阜竞高，夹水层松茂柏，倾山荫渚，故世人以名也。津流不已，北历长白沙口，狐白溪水注之。夹岸沙涨若雪，因以取名。其水南出狐白川，北流注汝水，汝水又东北趣狼皋山者也。

译文

现在的汝水发源于西面鲁阳县的大盂山蒙柏谷，山崖深高，山峦重叠密集，石径崎岖，人迹罕至，西面就是卢氏县的地界。汝水向东北流，经过太和城西边，又向东流经城北。这里左右两岸有茂密的松林，竹子与柏树交错成荫，是尹轨（字公度）修身养性的地方。汝水继续向东流到尧山西岭之下，水流在这里分成两支：一支向东流经尧山南边，称作滍水，就是《水经》上所说的滍水源出尧山；另一支向东北流，为汝水，经过蒙柏谷，两侧山壑一个比一个深，山峰一个比一个高，溪流两岸是一层层的松柏，山和水中的小块陆地都被遮挡了，所以人们起了蒙柏谷这个名字。汝水水流不停，向北流经长白沙口，途中有狐白溪水注入。沿岸堆积的沙滩洁白如雪，所以得名长白沙口。狐白溪水从狐白川的南面流出，向北注入汝水。接着，汝水又向东北流向狼皋山。

原文

汝水又东南，昆水注之。水出鲁阳县唐山，东南流，径昆阳县故城西。更始元年，王莽征天下能为兵法者，选练武卫，招募猛士。旌旗辎重，千里不绝。又驱诸犷兽，虎、豹、犀、象之属，以助威武。自秦、汉出师之盛，未尝有也。世祖以数千兵徼之阳关，诸将见寻、邑兵盛，反走入昆阳。世祖乃使成国上公王凤、廷尉大将军王常留守，夜与十三骑出城南门，收兵于郾。寻、邑围城数十重，云车十余丈，瞰临城中，积弩乱发，矢下如雨。城中人负户而汲。王凤请降，不许。世祖帅营部俱进，频破之。乘胜，以敢死三千人，径冲寻、邑兵，败其中坚于是水之上，遂杀王寻。城中亦鼓噪而出，中外合势，震呼动天地。会大雷风，屋瓦皆飞，莽兵大溃。

译文

汝水向东南流，有昆水注入。昆水发源于鲁阳县的唐山，向东南流，经过昆阳县故城西边。更始元年，王莽向全国征集通晓兵法之人，选练武卫，招募猛士。旌旗辎重，千里不断。又驱使各种猛兽如虎、豹、犀、象之类，以助军威。自秦、汉以来，这样盛大的出师景象还不曾有过。汉世祖（汉光武帝刘秀）带了几千兵到阳关拦截，将领们看到王寻、王邑的兵多，便退回昆阳城。汉世祖派成国上公王凤、廷尉大将军王常留守昆阳，自己趁夜带着十三骑出昆阳南门，到郾城去调集援兵。王寻、王邑把昆阳城包围了几十层，云车高十几丈，俯视城中，用弩乱射，箭如雨下。城里人取水都要背着门板。王凤请求投降，但没有被王寻、王邑接受。随后，汉世祖率领各营兵马赶到，连连击破敌军。他乘胜带着三千名敢死勇士直冲王寻、王邑大军，在昆水打败了他们的主力军，趁势杀死王寻。昆阳城里的将士们也擂鼓呐喊杀出来，内外夹攻，喊声震天动地。正好遇到打雷、刮大风，屋上的瓦都飞起来了，王莽军一败涂地。

卷二十二

颍水

颍水就是现在的颍河，发源于河南登封嵩山西南，向东南流到安徽寿县正阳关入淮河，是淮河最大的支流。下面的选段描写了发生在颍水支流五渡水的故事。

原文

颍水又东，五渡水注之，其水导源崈(chóng)高县东北太室东溪。县，汉武帝置，以奉太室山，俗谓之崧阳城。及春夏雨泛，水自山顶而迭相灌澍(zhù)，崿(è)流相承，为二十八浦也。旸(yáng)旱辍津，而石潭不耗，道路游憩者，惟得餐饮而已，无敢澡盥其中，苟不如法，必数日不豫，是以行者惮之。山下大潭，周数里，而清深肃洁。水中有立石，高十余丈，广二十许步，上甚平整，缁(zī)素之士，多泛舟升陟(zhì)，取畅幽情。其水东南径阳城西，石溜萦委，溯者五涉，故亦谓之五渡水，东南流入颍水。

颍水向东流，途中有五渡水注入。五渡水发源于嵩高县东北太室山的东溪。嵩高县是汉武帝所设，用来祭祀太室山，俗称崧阳城。等到春夏雨水泛滥时，水从山顶竞相奔流而下，山崖上的水流和溪流相互承接，一共构成了二十八处水潭，称为二十八浦。即使干旱时没有来水，石潭中的水也不耗减，过往的游人在此休息，只能喝点水，没人敢在里面洗澡或洗手。如果不遵守这个规矩，就会好几天感觉身体不舒服，所以行人都有所顾忌。山下有个大潭，方圆好几里，潭水清澈干净。水中间有块立着的巨石，高十几丈，宽二十步左右，上端很平整，僧侣俗客常划船过去，登上石顶去抒发情怀。五渡水向东南流经阳城县西边，水流曲折，要渡河的人需要五次涉水，所以这条河被称为五渡水，水向东南流，注入颍水。

洧水

此处所说的洧水是现在河南的双洎河，发源于河南登封东北，向东流，经过新密、新郑等地，自长葛以下的旧河道原来经过鄢陵、扶沟两县南，至西华县西入颍水。下面的选段出自《水经注》卷二十二，记述洧水支流绥水和沥滴泉的见闻。

原文

洧水东流，绥水会焉。水出方山绥溪，即《山海经》所谓浮戏之山也。东南流，径汉弘农太守张伯雅墓，茔域四周，垒石为垣，隅阿相降，列于绥水之阴。庚门表二石阙，夹对石兽于阙下。冢前有石庙，列植三碑，碑云：德字伯雅，河南密人也。碑侧树两石人，有数石柱及诸石兽矣。旧引绥水南入茔域，而为池沼，沼在丑地，皆蟾蠩吐水，石隍承溜。池之南，又建石楼、石庙，前又翼列诸兽。但物谢时沦，凋毁殆尽。夫富而非义，比之浮云，况复此乎？王孙、士安，斯为达矣。绥水又东南流，径上郭亭南，东南注洧。洧水又东，襄荷水注之。水出北山子节溪，亦谓之子节水，东南流注于洧。洧水又东会沥滴泉，水出深溪之侧，泉流丈余，悬水散注。故世士以沥滴称，南流入洧水也。

译文

洧水向东流，途中与绥水汇合。绥水发源于方山的绥溪，就是《山海经》所说的浮戏山。绥水向东南流，经过汉代弘农郡太守张伯雅的墓地，墓地四周有石墙，顺着地势下降，排列在绥水南岸。墓的西门门外有两座石阙，阙下有一对石兽。坟前有座石庙和三块石碑，碑文是：德字伯雅，河南密人。碑侧有两个石人，还有多个石柱和石兽。从前引绥水进入墓地而成水池，在墓地的东北，池上有石雕蛤蟆吐水，石砌的沟渠承接并引导水流。池的南面还建了石楼、石庙，前面两侧排列着各种石兽。但时代更替，已经毁坏得差不多了。富有而不仁义，如同浮云，更何况这些东西呢？像那杨王孙裸葬，皇甫士安以竹席裹尸，真是旷达啊！绥水继续向东南流，经过上郭亭的南边，注入洧水。洧水又向东流，有襄荷水注入。襄荷水发源于北山的子节溪，也叫子节水，向东南流，注入洧水。洧水又向东流，汇合沥滴泉水，此水发源于深溪的侧面，从一丈多高的岩石上流下，所以世人称呼它为沥滴泉，沥滴泉向南流，注入洧水。

汶水

汶水就是现在山东境内的大汶河，发源于山东莱芜北，向西南流到东平戴村坝。自此以下，古汶水向西流经东平南，在梁山东南入济水。明朝以后故道衰微，现在主流又向西流入东平湖，然后再向北流入黄河。下面的选段描写了泰山的景色。

原文

汶水又南，右合北汶水。水出分水溪，源与中川分水，东南流径泰山东，右合天门下溪水。水出泰山天门下谷，东流。古者，帝王升封，咸憩此水。水上往往有石窍存焉，盖古设舍所跨处也。马第伯书云：光武封泰山，第伯从登山，去平地二十里，南向极望，无不睹。其为高也，如视浮云；其峻也，石壁窅窱（yǎotiǎo），如无道径。遥望其人，或为白石，或雪，久之，白者移过，乃知是人。仰视岩石松树，郁郁苍苍，如在云中；俯视溪谷，碌碌（lù）不可见丈尺。直上七里天门，仰视天门，如从穴中视天矣。应劭《汉官仪》云：泰山东南山顶，名曰日观。日观者，鸡一鸣时见日，始欲出，长三丈许，故以名焉。其水自溪而东，浚波注壑，东南流，径龟阴之田。龟山在博县北十五里，昔夫子伤政道之陵迟，望山而怀操，故《琴操》有《龟山操》焉。山北即龟阴之田也。《春秋·定公十年》，齐人来归龟阴之田是也。

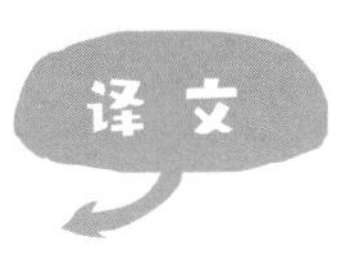

汶水继续向南流，从右边汇合北汶水。北汶水发源于分水溪，源头与中川分流，向东南流经泰山东边，从右边汇合天门下溪水。天门下溪水向东流，发源于泰山天门下的峡谷。古代帝王登泰山封禅，都在这溪边休息。水上往往能见到石质的孔，大概是古代建房时用柱子跨越的地方。马第伯在《封禅仪记》中写到，光武帝封泰山，第伯曾跟从登山，离山脚下地面二十里时，向南看去，无所不见。泰山的高大，仿佛让人可以抬头看见浮云；它的峻峭，石壁曲折幽深，好像无路可走。远望行人，有的像块白石，有的像雪，看得久了，白色物体一动，才知道是人。抬头看岩石和松树，郁郁苍苍，就像在云中；俯瞰溪谷，尽是石块，看不清有多深。登上七里到达天门，仰视天门，就像从洞穴里看天空。应劭在《汉官仪》中说，泰山东南的山顶叫日观。意思是公鸡叫第一声时，就可以看见将要升起的太阳，高三丈左右，因而得名。天门下溪水向东流入山壑，向东南流，经过龟阴的土地。龟山在博县北十五里的地方，从前孔子哀伤政治的衰败，看着龟山而寄情于琴曲，所以《琴操》里就有了《龟山操》。龟山北边就是龟阴的土地。《春秋·定公十年》中说，鲁定公十年（前500），齐人前来将龟阴的土地归还给鲁国，就是此地。

巨洋水

巨洋水就是现在的弥河，源自今山东临朐(qú)，向北流到寿光，注入渤海。本段描写的是巨洋水支流熏冶泉的绮丽风光。

原文

巨洋水自朱虚北入临朐县，熏冶泉水注之。水出西溪，飞泉侧濑(lài)于穷坎之下，泉溪之上，源麓之侧有一祠，目之为冶泉祠。按《广雅》，金神谓之清明。斯地盖古冶官所在，故水取称焉。水色澄明而清泠特异，渊无潜石，浅镂沙文。中有古坛，参差相对，后人微加功饰，以为嬉游之处。南北邃岸凌空，疏木交合。先公以太和中，作镇海岱。余总角之年，侍节东州。至若炎夏火流，闲居倦想，提琴命友，嬉娱永日。桂笋寻波，轻林委浪。琴歌既洽，欢情亦畅。是焉栖寄，实可凭衿。小东有一湖，佳饶鲜笋，匪直芳齐芍药，实亦洁并飞鳞。其水东北流入巨洋，谓之熏冶泉。

巨洋水从朱虚县北边流入临朐县，有熏冶泉水注入其中。熏冶泉水源自西溪，奔流的泉水在深壑下流泻，在溪岸上，源头山麓的旁边有座祠庙，叫冶泉祠。《广雅》中记载，金神名叫清明。这里大概是古代冶官的驻地，泉水因此得名熏冶泉。熏冶泉水清澈透明，清凉无比，深渊下没多少石头，水浅的地方好像雕镂着沙纹。中间有一座古祭坛，与祠参差相对，后人略微修饰，将它变成了游乐之地。南北两侧高岸凌空，疏疏落落的树枝交合在一起，形成一片幽静的美景。我父亲在太和年间（477—499）镇守青州，当时我还很年幼，跟在他身边。到了夏天，天气热得像火一样，闲着发困，就带上琴，叫上朋友，到这里来玩上一整天。撑船的竹篙追逐着水波，林木溅上细浪。我们弹琴唱歌，心情欢畅。这可真是个盘桓逗留、寄托情怀的好地方。稍向东有个湖，湖边盛产鲜美的竹笋，不仅芳香如同芍药，而且像鱼儿一样洁净。溪水向东北便流入了巨洋水，称为熏冶泉。

淄水

淄水就是现在山东境内的淄河，源出山东莱芜，向东北流，在广饶县北面入海。下面的选段出自《水经注》卷二十六，记述了古代军事重镇广固城和邻近的山水古迹。

原 文

淄水又东北，马车渎水注之，受巨淀，淀即浊水所注也。吕忱曰：浊水一名溷(hùn)水，出广县为山，世谓之冶岭山。东北流径广固城西，城在广县西北四里，四周绝涧，阻水深隍。晋永嘉中，东莱人曹嶷(nì)所造也。水侧山际有五龙口。义熙五年，刘武帝伐慕容超于广固也，以藉险难攻，兵力劳弊。河间人玄文说裕云：昔赵攻曹嶷，望气者以为渑(shéng)水带城，非可攻拔。若塞五龙口，城当必陷。石虎从之，嶷请降。降后五日，大雨，雷电震开。后慕容恪之攻段龛(kān)，十旬不拔，塞口而龛降。降后无几，又震开之。今旧基犹存，宜试修筑。裕塞之，超及城内男女皆悉脚弱，病者大半，超遂出奔，为晋所擒也。然城之所跨，实凭地险，其不可固城者在此。浊水东北流，径尧山东。《从征记》曰：广固城北三里有尧山祠，尧因巡狩登此山，后人遂以名山。庙在山之左麓，庙像东面，华宇修整，帝图严饰，轩冕(miǎn)之容穆然。山之上顶，旧有上祠，今也毁废，无复遗式。盘石上尚有人马之迹，徒黄石而已，惟刀剑之踪逼真矣。

译文

淄水继续向东北流，有马车渎水注入，它承接了巨淀的水，巨淀则是浊水所注入的。吕忱在著作中提到，浊水又叫溷水，源自广县的为山。世人称它为冶岭山。浊水向东北流经广固城西边，广固城位于广县西北四里，四周的山涧无水，而挡水的护城壕很深。此城是晋朝永嘉年间（307—313），东莱人曹嶷所造。浊水的一侧山边有个叫五龙口的地方。义熙五年（409），刘裕讨伐慕容超来到广固城，因城险难攻，兵力疲惫。河间人玄文向刘裕献计说："从前后赵攻曹嶷时，观气象的人认为渑水环绕广固城，不可攻取。但若是堵塞五龙口，必可将其攻陷。石虎听从他的建议，曹嶷果然投降了。降后五天，下起了倾盆大雨，雷电交加，五龙口又被震开。后来，慕容恪围攻段龛，攻了一百天还攻不下，也堵塞了五龙口，段龛也只好投降。降后没过多久，五龙口又被震开。如今，这里的旧址还保留着，可以尝试修筑。"于是，刘裕也堵塞了五龙口，慕容超及城中所有人都腿脚无力，病倒了一大半。慕容超出城逃跑，被晋军俘获。广固城之所以难以攻破，确实是因为它险要的地势，但最终不能固守的原因，还是在五龙口。浊水向东北流去，经过尧山东边。《从征记》上说：广固城北三里有座尧山祠，尧趁着巡狩登上此山，后人便用"尧"给山取名。尧山祠位于山的左侧山麓，祠内神像面朝东方，庙宇华丽整齐，尧的塑像盛加装饰，穿着帝王服饰的形象十分肃穆。从前山顶上还有座祠，现在已经毁坏，看不到痕迹了。只有一块巨石上还有人马的痕迹，也仅是些黄石而已，只有刀剑留下的痕迹还十分逼真。

沔水

古人通称汉水为沔(miǎn)水，即现在的汉江，它发源于陕西宁强，向东南流经陕西南部、湖北西北部，最后在武汉注入长江。下面的选段记载了沔北阳平关第三国遗址。

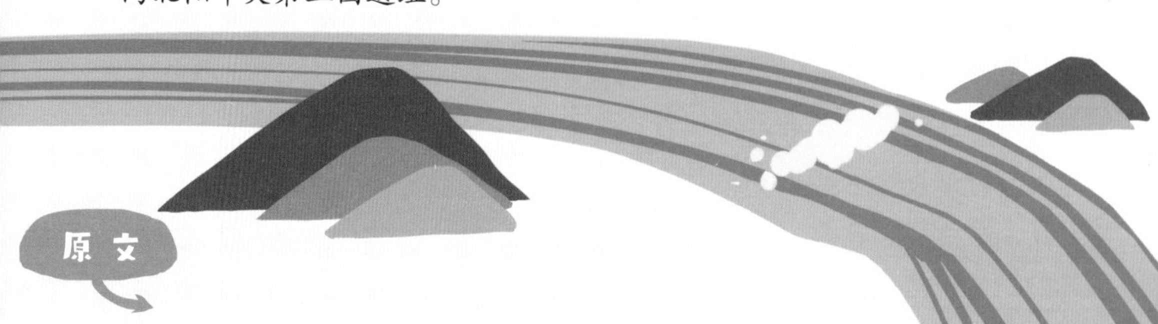

原文

沔水又东径武侯垒南，诸葛武侯所居也。南枕沔水，水南有亮垒，背山向水，中有小城，回隔难解。沔水又东径沔阳县故城南。城，旧言汉祖在汉中，萧何所筑也。汉建安二十四年，刘备并刘璋，北定汉中，始立坛，即汉中王位于此。其城南临汉水，北带通逵(kuí)，南面崩水三分之一，观其遗略，厥状时传。南对定军山，曹公南征汉中，张鲁降，乃命夏侯渊等守之。刘备自阳平关南渡沔水，遂斩渊首，保有汉中。诸葛亮之死也，遗令葬于其山，因即地势，不起坟垄，惟深松茂柏，攒蔚川阜，莫知墓茔所在。山东名高平，是亮宿营处，有亮庙。亮薨，百姓野祭。步兵校尉习隆、中书郎向充共表云：臣闻周人思召伯之德，甘棠为之不伐；越王怀范蠡之功，铸金以存其像。亮德轨遐迩，勋盖来世，王室之不坏，实赖斯人，而使百姓巷祭，戎夷野祀，非所以存德念功，追述在昔者也。今若尽顺民心，则黩而无典；建之京师，又逼宗庙，此圣怀所以惟疑也。臣谓宜近其墓，立之沔阳，断其私祀，以崇正礼。始听立祀。斯庙，盖所启置也。

译文

沔水向东流，经过武侯营地的南边，这是诸葛亮住过的地方。这地方南边挨着沔水，水南有诸葛亮的营垒，背山面水，里面有座小城，道路弯曲难辨。沔水向东流经沔阳县故城南边。此城据说是汉高祖在汉中时，由萧何所建。东汉建安二十四年（219），刘备吞并刘璋的势力，北伐平定汉中，在这里立坛并登上汉中王之位。此城南边临近汉水，北边通向大路，城南有三分之一崩塌在汉水里，看其留下的规模，还可想象当时的情况。南面正对定军山，曹操南征汉中，张鲁投降后，曹操便命夏侯渊等人在此镇守。刘备从阳平关南渡，过沔水，斩杀了夏侯渊，从而得到汉中。诸葛亮去世时，立遗嘱将他葬在定军山，安葬时顺着地势，不加高坟墓，那里只有深松茂柏簇拥在山川之间，没人知道墓地所在。定军山的东面叫高平，是诸葛亮曾经驻军之地，有他的庙宇。诸葛亮死后，百姓在野外祭祀。步兵校尉习隆、中书郎向充共同上奏说："听说周人思念召伯之恩，所以不砍甘棠树；越王缅怀范蠡之功，为他铸造金像。诸葛亮的德行垂范天下，功勋空前绝后，王室没有崩塌也是仰仗于他，如今让百姓在街中巷中祭祀他，戎夷在野外祭祀他，不成体统。现在如果顺从民意，就显得轻率而没有章法；如果在京城立祠，又会侵逼宗庙，这正是皇上难以决断的原因。臣认为可以在他的墓地旁，在沔阳建庙，禁绝私祭，推崇正规的祭礼。"朝廷听从了他们的建议，允许建庙，此庙大概就是习隆、向充上奏后所建的。

卷三十

淮水

淮水就是现在的淮河，发源于河南南阳境内的桐柏山，向东流经河南、安徽，到江苏流入洪泽湖。洪泽湖以下，大部分水量通过其南端的三河闸，经高邮、邵伯两湖，再从扬州南的三江营注入长江。另一部分水量经洪泽湖大堤北端的高良涧闸，循苏北灌溉总渠，从扁担港注入黄海。下面的选段记述了淮水所经淮阴故城的古迹。

韩信

西汉开国功臣，与萧何、张良并列为“汉初三杰”。

原文

淮水右岸即淮阴也。城西二里有公路浦。昔袁术向九江，将东奔袁谭，路出斯浦，因以为名焉。又东径淮阴县故城北。北临淮水，汉高帝六年，封韩信为侯国。王莽之嘉信也。昔韩信去下乡而钓于此处也。城东有两冢：西者，即漂(piǎo)母冢也。周回数百步，高十余丈。昔漂母食(sì)信于淮阴，信王下邳(pī)，盖投金增陵以报母矣。东一陵即信母冢也。

译文

淮水右岸就是淮阴县。县城西边二里外有个公路浦。当年袁术（字公路）从九江向东去投奔袁谭，经过这个浦，因而这个地方被命名为公路浦。淮水又向东经过淮阴县故城的北边。此城北靠淮水，汉高帝六年（前201），这里被封给韩信作为侯国。王莽时将其改名为嘉信。当年韩信离开下乡后就在这里钓鱼。城东边有两座坟墓：西边的是漂母的坟墓。周围有几百步，高达十几丈。当年漂母在淮阴把自己的饭给韩信吃，韩信封王于下邳时，就出钱增高此坟以报答她的恩惠。东边的坟墓，是韩信母亲的墓。

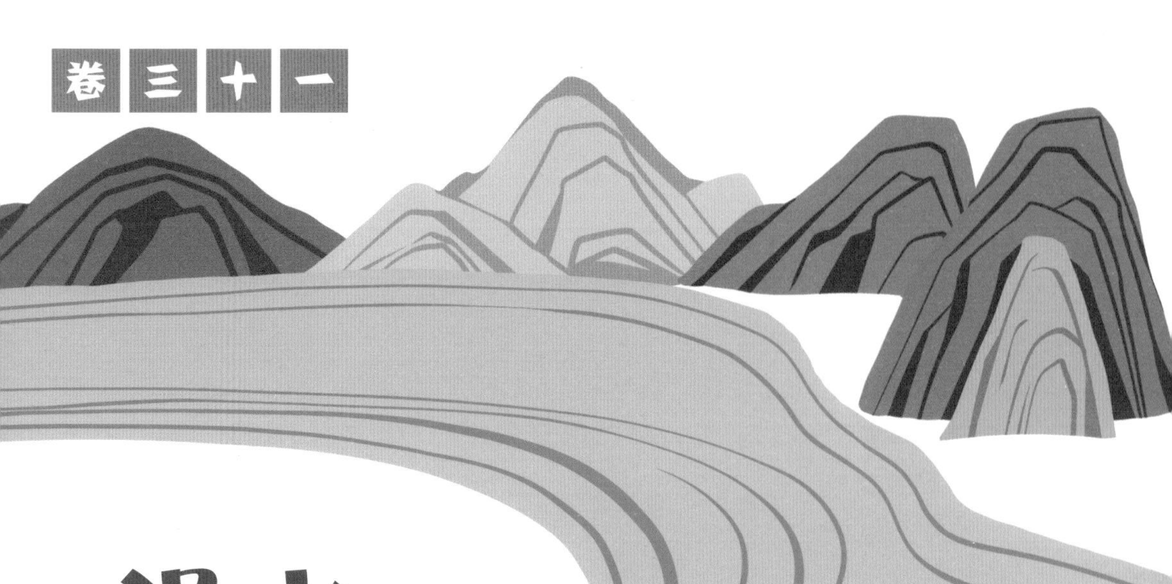

涢水

涢(yún)水现在仍称涢水，发源于湖北北部的大洪山，向北流，到随县折向南流，最后在武汉西边的新沟注入汉江。下面的选段描写了涢水发源地大洪山的一处石灰岩溶洞，篇幅不长，却把溶洞景致描写得格外生动。

涢水出县东南大洪山。山在随郡之西南、竟陵之东北，盘基所跨，广圆百余里。峰曰悬钩，处平原众阜之中，为诸岭之秀。山下有石门，夹鄣层峻，岩高皆数百许仞。入石门，又得钟乳穴，穴上素崖壁立，非人迹所及。穴中多钟乳，凝膏下垂，望齐冰雪，微津细液，滴沥不断。幽穴潜远，行者不极穷深，以穴内常有风热，无能经久故也。

译文

涢水发源于蔡阳县东南方的大洪山。大洪山位于随郡的西南、竟陵郡的东北，山脚盘踞的地方有方圆一百多里。有一座山峰名叫悬钩峰，在平原众山之中，显得极其挺拔。两边山崖层叠，极其险要，高达数百仞。山下有一石门，洞上方白色的山崖像墙壁一样陡立，是人到不了的地方。进入石门，有个钟乳洞，洞里有很多钟乳石，好像凝固的脂膏一样悬挂着，看起来和冰锥一般，岩石中渗出细液，不断滴沥着。洞穴幽深莫测，没有人走到最深处过，因为洞里经常有热风，人们不能久留。

江水

江水就是现在的长江，《水经注》认为它发源于岷山，其实它是发源于青海的唐古拉山脉各拉丹冬雪山，流经青海、四川、西藏、云南、重庆、湖北、湖南、江西、安徽、江苏，最后在上海注入东海，是中国第一大河。

下面的选段记述了四川的井盐，也兼及天然气。

原文

江水又东径瞿巫滩，即下瞿滩也，又谓之博望滩。左则汤溪水注之，水源出县北六百余里上庸界，南流历县，翼带盐井一百所，巴、川资以自给。粒大者方寸，中央隆起，形如张伞，故因名之曰伞子盐。有不成者，形亦必方，异于常盐矣。王隐《晋书·地道记》曰：入汤口四十三里，有石煮以为盐，石大者如升，小者如拳，煮之水竭盐成。盖蜀火井之伦，水火相得，乃佳矣。

译文

长江水向东流经瞿巫滩，就是下瞿滩，又叫博望滩。左岸有汤溪水注入，汤溪水源自县北六百多里的上庸边界，向南流过来，两岸有一百多处盐井，巴、川一带的盐都来自这些盐井。盐粒大的一寸见方，中央隆起，形状就像一把张开的伞，所以叫伞子盐。有的盐粒虽然不呈伞状，但也是方形，和普通的盐不同。王隐的《晋书·地道记》中说：从汤口进去四十三里，有石头可以煮出盐来，石头大的像升，小的像拳头，煮到水干，盐就结成了。这大概也类似蜀地的天然气井，水火相互配合，才能煮出好盐。

江水

原文

江水又东径巫峡。杜宇所凿，以通江水也。郭仲产云：按《地理志》，巫山在县西南，而今县东有巫山，将郡、县居治无恒故也。江水历峡东径新崩滩。此山，汉和帝永元十二年崩，晋太元二年又崩，当崩之日，水逆流百余里，涌起数十丈。今滩上有石，或圆如箪(dān)，或方似屋，若此者甚众，皆崩崖所陨，致怒湍流，故谓之新崩滩。其颓岩所余，比之诸岭，尚为竦桀(sǒng jié)。其下十余里有大巫山，非惟三峡所无，乃当抗峰岷、峨，偕岭衡、疑，其翼附群山，并概青云，更就霄汉，辨其优劣耳。神孟涂所处。《山海经》曰：夏后启之臣孟涂，是司神于巴，巴人讼于孟涂之所，其衣有血者执之，是请生。居山上，在丹山西。郭景纯云：丹山在丹阳，属巴。丹山西即巫山者也。又帝女居焉，宋玉所谓天帝之季女，名曰瑶姬，未行而亡，封于巫山之阳，精魂为草，实为灵芝。所谓巫山之女，高唐之阻，旦为行云，暮为行雨，朝朝暮暮，阳台之下。旦早视之，果如其言。故为立庙，号朝云焉。其间首尾百六十里，谓之巫峡，盖因山为名也。

译文

长江水向东流经巫峡。传说巫峡是古代蜀王杜宇所凿，以疏通江水。郭仲产说，根据《地理志》记载，巫山在巫县县城西南，现在巫山却在巫县县城的东边，大概是因为郡、县治所的变化。江水穿过巫峡，向东流经新崩滩。汉和帝永元十二年（100），巫山曾崩塌过，晋孝武帝太元二年（377）再次崩塌。每次崩塌时，江水都逆流而上一百多里，涌浪达几十丈高。如今滩上还有石头，有的是圆形，像盛饭的圆形竹器；有的是方形，如同房屋。类似的石头有很多，都是山崩后所落，山崩引起江水汹涌奔腾，这个滩也因此被称为新崩滩。崩落后的山岩和其他岭峰相比，依然高耸突出。往下十多里有座大巫山，三峡中没有比它更高的山，它甚至可以抗衡岷山、峨眉山，比肩衡山和九嶷山。它周围的山岭也都高耸入云，只有到高空中才能辨别优劣。有个叫孟涂的神住在这里。《山海经》中说：夏后启的大臣孟涂在巴地做了司法之神，巴人到孟涂那里去打官司，他便把身上有血迹的人抓起来，不滥杀无辜，很有好生之德。孟涂住在山上，这山在丹山以西。郭璞（字景纯）说，丹山在丹阳，属于巴郡。所以，丹山的西边就是巫山。此外，赤帝的女儿也住在这里，就是宋玉说的天帝的小女儿瑶姬，她还没出嫁就死了，葬在巫山的南面，灵魂化为草，结的果实就是灵芝。她就是传说中住在高唐险阻处的巫山神女，早上是云，日暮是雨，朝朝暮暮都在一个叫阳台的地方之下。次日早上，楚王去观察，果真如此，于是便为她立庙，称为朝云庙。峡谷从头到尾有一百六十里长，被称为巫峡，大概是因为巫山而得名。

下面的选段是《水经注》描写三峡的一篇千古佳文，全文仅一百五十余字，但却是字字精炼，句句动人，令人反复吟诵，百读不厌。

原文

自三峡七百里中，两岸连山，略无阙处。重岩叠嶂，隐天蔽日，自非停午夜分，不见曦月。至于夏水襄陵，沿溯阻绝，或王命急宣，有时朝发白帝，暮到江陵，其间千二百里，虽乘奔御风，不以疾也。春冬之时，则素湍绿潭，回清倒影，绝巘(yǎn)多生怪柏，悬泉瀑布，飞漱(shù)其间，清荣峻茂，良多趣味。每至晴初霜旦，林寒涧肃，常有高猿长啸，属引凄异，空谷传响，哀转久绝。故渔者歌曰：“巴东三峡巫峡长，猿鸣三声泪沾裳。”

三峡七百里水路间，两岸是连绵的高山，中间没有一点中断。重重叠叠的悬崖峭壁遮天蔽日，不到中午或半夜，看不到太阳和月亮。每到夏天，大水上涨，淹没小山丘时，来往的船都会被阻断。如果朝廷下发诏令要火速传达，就下令早上从白帝城出发，傍晚就能抵达江陵，其间行程一千二百里，即使骑着快马，乘着疾风，也不如它快。春天和冬天时，可以看到白色急流，回旋的清水。碧绿的潭水倒映着各种景物的影子。陡峰上长满怪异的柏树，悬崖上瀑布飞流直下，这种林泉山石的奇秀风光，真是引人入胜。每到初晴的日子和凝霜的早晨，山林寒寂，涧水无声，高处常传来猿猴的长啸之声，声音凄楚，在空谷里回荡，很久方才消失。所以渔民唱道：“巴东三峡巫峡长，猿鸣三声泪沾裳。”

资水

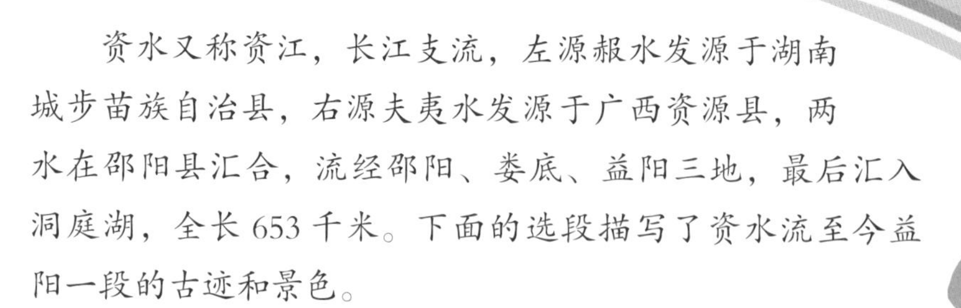

资水又称资江，长江支流，左源赧水发源于湖南城步苗族自治县，右源夫夷水发源于广西资源县，两水在邵阳县汇合，流经邵阳、娄底、益阳三地，最后汇入洞庭湖，全长653千米。下面的选段描写了资水流至今益阳一段的古迹和景色。

原文

县有关羽濑，所谓关侯滩也。南对甘宁故垒。昔关羽屯军水北，孙权令鲁肃、甘宁拒之于是水，宁谓肃曰：羽闻吾咳唾之声，不敢渡也，渡则成擒矣。羽夜闻宁处分，曰：兴霸声也，遂不渡。茱萸（zhū yú）江又东径益阳县北，又谓之资水。应劭曰：县在益水之阳。今无益水，亦或资水之殊目矣。然此县之左右，处处有深潭，渔者咸轻舟委浪，谣咏相和。罗君章所谓其声绵邈者也。水南十里有井数百口，浅者四五尺，或三五丈，深者亦不测其深。古老相传，昔人以杖撞地，辄便成井。或云古人采金沙处，莫详其实也。

益阳县有个关羽濑，就是所谓的关侯滩。其南面对着甘宁的旧营垒。从前，关羽把军队驻扎在资水北岸，孙权派鲁肃、甘宁凭水抵御。甘宁对鲁肃说："关羽听见我咳嗽吐痰的声音就不敢渡水，过来就会被擒。"关羽夜里听到甘宁发号施令，说："这是兴霸的声音。"于是没有渡水。茱萸江又向东流经益阳县北边，又重新叫资水。应劭说："益阳县在益水北岸。"现在没有益水，也许是资水的别名。此县附近到处都有深潭，渔夫在潭水里驾着小船彼此唱和。这就是罗含（字君章）所说的歌声绵延不绝。水南十里有几百口井，有的四五尺深，有的三五丈深，最深的测不到底。古代传说有人用杖撞地，一撞就撞成了井。也有人说这是古人采金沙的地方，现在已经搞不清真实情况了。

湘水

湘水就是现在的湘江，是洞庭湖四大水系中的最大河流。它发源于今广西兴安县海洋山的西麓，向东北流去，又经过湖南东部，最后在湘阴的芦林潭注入洞庭湖。下面两个选段分别记述了南岳衡山、洞庭湖及君山的传说。

原文

湘水又北径衡山县东。山在西南，有三峰：一名紫盖，一名石囷（qūn），一名芙容。芙容峰最为竦杰，自远望之，苍苍隐天。故罗含云：望若阵云，非清霁（jì）素朝，不见其峰。丹水涌其左，澧（lǐ）泉流其右。《山经》谓之岣嵝（gǒulǒu），为南岳也。山下有舜庙，南有祝融冢。楚灵王之世，山崩毁其坟，得《营丘九头图》。禹治洪水，血马祭山，得《金简玉字之书》。芙容峰之东有仙人石室，学者经过，往往闻讽诵之音矣。衡山东南二面临映湘川；自长沙至此，江湘七百里中，有九向九背。故渔者歌曰：帆随湘转，望衡九面。山上有飞泉下注，下映青林，直注山下，望之若幅练在山矣。

译文

湘水向北流，经衡山县东边。西南方有高山，它有三座高峰，分别叫紫盖、石囷和芙容。芙容峰最高，从远处看去，一片青山遮住了天空。所以罗含（字君章）说：“远望好像阵云密布，如果不是在初晴或清晨，看不到它的顶峰。”芙容峰的左边有丹水涌出，右边是澧泉奔流。《山经》称它为岣嵝，这就是南岳衡山。山下有舜帝的庙宇，南边有祝融冢。楚灵王时，山崩毁坏了坟墓，从中得到了《营丘九头图》。大禹治理洪水时，杀马祭山，得到了《金简玉字之书》。芙容峰的东面有个仙人石室，读书人走过时，常听见诵读的声音。衡山的东面和南面倒映在湘江中，从长沙到这里，沿着湘水的七百里中，有九次面山，九次背山。所以渔夫唱道：“船帆随着湘水转弯，可以看到衡山九种不同的面貌。”山上的飞瀑下泻，与下面的青林相映，径直向山麓倾注，远望就像一幅白绢挂在山间。

原文

湖水广圆五百余里，日月若出没于其中。《山海经》云：洞庭之山，帝之二女居焉。沅(yuán)、澧之风，交潇(xiāo)、湘之浦，出入多飘风暴雨。湖中有君山、编山。君山有石穴，潜通吴之包山，郭景纯所谓巴陵地道者也。是山，湘君之所游处，故曰君山矣。昔秦始皇遭风于此，而问其故。博士曰：湘君出入则多风。秦王乃赭其山。汉武帝亦登之，射蛟于是山。东北对编山，山多篪(chí)竹。两山相次去数十里，回峙相望，孤影若浮。

洞庭湖方圆五百多里，太阳、月亮好像从湖里升起和落下。《山海经》说：洞庭之山，是尧的两个女儿居住之地。沅江、澧水的风在潇、湘之浦相遇，这里常有急风暴雨。湖中有君山、编山。君山上有个石洞，暗通吴县的包山，这就是郭璞（字景纯）所说的巴陵地道。这座山是湘君游玩休息之地，所以称为君山。当年秦始皇在这里遇上大风，问是什么缘故，博士说：“湘君出入就多风。”于是，秦始皇下令把山涂成红色，以示惩罚。汉武帝也曾登上此山，还在这里射杀过蛟龙。君山东北对着编山，山上有许多篪竹。两座山相对而立，相距数十里远，遥相对峙，山影就像浮在水面上。

耒水

耒(lěi)水现在仍称耒水，是湘江的支流，它发源于湖南桂东县北面的万洋山，向北流到衡阳附近注入湘江。下面的选段记述了蔡伦造纸。

原文

耒阳，旧县也，盖因水以制名。王莽更名南平亭。东傍耒水，水东肥南，有郡故城。县有溪水，东出侯计山，其水清澈，冬温夏冷。西流谓之肥川。川之北有卢塘。塘池八顷，其深不测。有大鱼，常至五月，辄一奋跃，水涌数丈，波襄四陆，细鱼奔迸，随水登岸，不可胜计。又云，大鱼将欲鼓作，诸鱼皆浮聚。水侧注。西北径蔡洲，洲西即蔡伦故宅，傍有蔡子池。伦，汉黄门，顺帝之世，捣故鱼网为纸，用代简素，自其始也。

译文

耒阳是过去设立的县，大概因为耒水而得名。王莽统治时期，改名为南平亭。耒阳县的东边紧临耒水，耒水向东流淌，水东有肥南县，那里还保留着过去郡县的古城遗址。耒阳县有一条溪水，发源于东边的侯计山，这条溪水清澈见底，冬暖夏凉。小溪向西流，被称为肥川。肥川北边有个卢塘，有八顷大小，水深不可测。池塘里有大鱼，每年一到五月份，鱼就会跃出水面，激起数丈高的水浪，水波冲上四边的陆地时，乱蹦乱跳的小鱼也随水被冲到岸上，多得不可计数。还有一种说法是，大鱼要跳跃时，鱼群就会浮上水面并聚集在一起。肥川从旁流过注入耒水。耒水向西北流经蔡洲，蔡洲西边是蔡伦的故居，旁边有蔡子池。蔡伦是东汉宦官，汉顺帝时，他把旧渔网捣烂制成纸，用来代替竹简和绢帛，从此，开启了造纸术的新纪元。